PARALLELE

DE

NAPOLÉON IER,

AVEC

CHARLEMAGNE.

Magnus in bello, major in pace.

LA Nature, si lente dans ses opérations, si avare dans ses bienfaits, a des époques fixes où elle manifeste sa puissance et sa bonté, en créant des êtres privilégiés qu'elle destine à instruire et consoler la terre, à régler les destinées des nations, à étendre les bornes de l'esprit humain, à détruire les erreurs des peuples et des gouvernemens, à établir la stabilité des empires et la liberté publique sur la justice des loix et la sagesse des institutions sociales. Le dix-neuvième siècle offre au respect et à l'admiration de l'univers, ce prodige étonnant de gloire et de grandeur qui a illustré et immortalisé Charlemagne. L'histoire du règne de Napoléon Ier, est pour nous l'histoire du premier législateur du peuple français. Même héroïsme dans les exploits guerriers, même rapidité dans les conquêtes, même génie dans les travaux politiques, même force et même fermeté dans l'exécution des projets, mêmes principes dans l'administration intérieure, mêmes vues et mêmes conceptions dans les relations extérieures, mêmes vertus dans la conduite privée : les annales historiques attestent ces grandes vérités que nous publions.

Charlemagne dissipa des armées formidables, soumit plusieurs peuples à sa domination, conquit deux fois l'Italie, étendit ses états depuis la mer Baltique jusqu'aux Pyrénées, et depuis la Manche jusqu'à la Méditerranée; son règne ne fut qu'un enchaînement continuel de victoires et de conquêtes. Nommé empereur de l'Occident, et sacré par Adrien Ier, il s'opéra en sa personne le renouvellement de cet empire qui avoit péri sous Augustule. Charlemagne donna des loix aux nations vaincues : les grands souverains de l'Europe recherchèrent son amitié, les petits sa protection; plusieurs princes le reconnurent pour leur bienfaiteur et leur seigneur suzerain. Il rétablit sur leurs trônes le duc de Northumberland, et Ibinalarabi, prince de la maison d'Espagne. Il fit la conquête du Piémont, renversa le royaume des Lombards, établit sur ses ruines une nouvelle monarchie, et réunit Venise à l'empire grec. L'Europe entière fut dans l'admiration; Charlemagne reçut les hommages des nations; les cœurs des peuples voisins voloient au-devant de ses loix, et l'appeloient le *Père de l'Univers*. Il étoit reçu, dans les villes conquises, aux acclamations de l'allégresse publique; Rome lui décerna les honneurs du triomphe, et le titre d'Exarque et de Patrice. Charlemagne fut sacré et couronné en France par Étienne III; il eut avec ce pontife une entrevue à Rome; ils s'embrassèrent avec une expression de tendresse et une effusion de joie qui rappelèrent vivement tout ce qu'ils avoient fait l'un pour l'autre. Par un vœu solemnel et général, le peuple romain le proclama son magistrat suprême. Tassilion, duc de Bavière, lui fit hommage de ses états, et l'Allemagne le proclama son souverain.

Tous les princes faibles, tous les peuples malheureux eurent recours à sa puissance médiatrice. S'il étoit la terreur du monde par ses exploits, il en étoit l'espérance par ses vertus, et l'amour par ses bienfaits.

Vaste dans ses desseins, simple dans l'exécution, Charlemagne eut l'art de faire les plus grandes choses avec facilité, et les plus difficiles avec promptitude. Toujours vainqueur et toujours infatigable, il dirigeoit tout, il exécutoit tout, il étoit par-tout; on l'a vu plusieurs foir venir achever, sur les bords du Rhin ou du Weser, une campagne qu'il avoit commencée sur les bords de l'Ebre.

Son génie embrassoit tout; et dans son immensité, il appercevoit et jugeoit les résultats qui devoient suivre l'exécution de ses projets : il joignoit la hardiesse à la prudence, et savoit braver et éviter les dangers ; il se jouoit, comme l'observe Montesquieu, de tous les périls, et particulièrement des conspirations qu'éprouvent presque toujours les grands conquérans. La réunion d'un bonheur constant et d'un talent surnaturel, répandit parmi ses ennemis cette terreur, et excita cette admiration qui facilitoient et multiplioient les succès de ses grandes entreprises.

Charlemagne devina et entrevit, par la force de son génie, les principes qui doivent régir les sociétés politiques. Il fut le conservateur, ou plutôt le créateur des maximes qui constituent le gouvernement représentatif ; il assembloit annuellement la nation dans le champ de Mars : le peuple délibéroit ; et ses délibérations, sanctionnées par le monarque, étoient des loix qu'il respectoit et qu'il faisoit exécuter. Il reconnut la souveraineté nationale et respecta la liberté publique. Charlemagne ramena les français aux anciens principes que leurs pères avoient apportés de Germanie ; il associa tous les citoyens au gouvernement, et tous, sans distinction de rang et de naissance, furent appelés aux emplois et aux dignités ; il fit ces règlemens admirables de police ecclésiastique et civile, connus sous le nom de *capitulaires*, monumens éternels de génie et de la plus profonde sagesse, qui, plus que ses victoires et ses conquêtes, ont rendu son nom immortel ; il institua un ordre particulier de pairies et créa ces *missi dominici* qui exerçoient les mêmes fonctions et la même autorité que les préfets des départemens exercent aujourd'hui ; il avoit soin de choisir les hommes recommandables par leurs vertus et leurs richesses, pour écarter cette tentation de vénalité et de corruption si ordinaire à ceux qui sont sans patrimoine et sans fortune. Charlemagne donna à ses loix cet esprit de prévoyance qui comprend tout, et une certaine impulsion qui entraîne tout : il disoit souvent que la force ne sert qu'à vaincre, et qu'il faut des loix pour gouverner. Il récompensa avec magnificence les guerriers qui avoient partagé sa gloire et ses dangers ; il gémit sur les malheurs de la guerre, et versa des larmes sur ses lauriers. Charlemagne ne voulut plus conquérir, mais il reprit les armes pour la défense de ses états, et la conservation de ses conquêtes. Son génie sembla prévoir tous les maux que la Grande-Bretagne feroit un jour à la France. Ce prince s'accusa d'avoir négligé le soin de la marine ; il résolut d'en créer une capable de repousser les incursions de ces pirates dévastateurs, et de protéger les côtes de son vaste empire. Les danois, maîtres de la Grande-Bretagne, couroient toutes les mers, et observoient tous les ports de France. Charlemagne s'opposa aux incursions de ces barbares : toutes les rivières furent gardées à leurs embouchures, toutes les côtes défendues par des flottes ou par des forts ; un principal arsenal de marine fut établi à Boulogne.

Charlemagne donna la paix à l'Europe qui étoit depuis long-temps un théâtre sanglant de carnage et de dévastation : le titre de pacificateur lui devint plus précieux et plus honorable que celui de conquérant et de triomphateur. Il regardoit la religion comme le plus ferme appui de son autorité et de sa puissance ; par des loix sages, il réprima les abus du clergé, ressuscita l'ancienne discipline du mariage, prohiba le mariage des prêtres : ce prince fut inviolablement attaché au Saint-Siège ; il reconnut et respecta les droits et les vertus des papes ; il rétablit Léon III sur le trône pontifical, introduisit en France le chant Grégorien, et établit la dîme.

Charlemagne dissipa les ténèbres de l'ignorance qui couvroient la France, abolit des usages superstitieux, civilisa des nations barbares ; il fit adopter la loi de l'évangile à des peuples sauvages ; il voulut joindre au titre sanglant et terrible de conquérant, le titre doux et plus glorieux de restaurateur des lettres ; il ouvrit des écoles publiques pour étendre les lumières des sciences et des arts, et les progrès de la civilisation ; il fonda des hôpitaux, des universités et une académie, dont il fut membre ordinaire, sans autre distinction qui rappelât sa dignité ; il remplissoit avec zèle les devoirs d'académicien. Il consulta les savans, récompensa les talens, honora les vertus ; il éclaira son peuple et le rendit heureux par la sagesse de ses loix qu'il fit exécuter avec cette fermeté qui en assuroit la durée et l'autorité ; il enchaîna toutes les factions, et chercha à unir tous les ordres de l'état, comme les politiques vulgaires cherchent à les diviser. Soyez tous unis, disoit-il à ses peuples, et nous serons tous heureux ! Il conçut le projet de joindre l'Océan germanique et la mer Noire par le Rhin et par le Danube, en réunissant ces deux fleuves par des rivières intermédiaires ; il tenta d'unir la Moselle à la Somme ; il imprima à ses ouvrages la grandeur de son génie. Rome et l'Italie ne lui avoient point montré en vain leurs ruines augustes échappées aux ravages des barbares ; ses idées s'étoient étendues : le goût du beau et du vrai l'avoit saisi ; la destruction même servit à l'embellissement de ses édifices.

Ce sage monarque visitoit souvent les provinces de l'empire français ; sa présence animoit les travaux publics, et excitoit l'émulation et l'industrie.

Charlemagne cultiva les sciences ; il fut grammairien, philosophe, astronome, et le plus grand théologien de son temps, parce qu'il en étoit l'homme le plus savant et qu'il n'y avoit guère d'autre érudition que la théologie ; son génie, luttant sans cesse dans une nuit profonde, donna quelques lumières à son siècle, et ouvrit une carrière que les Descarte, les Bossuet, les Montesquieu et les

Buffon ont aggrandie et perfectionnée. Dans un siècle de lumières, il eût marché de vertus en vertus, comme il marcha de conquête en conquête, et il eût reculé les bornes des connoissances humaines, comme il recula celles de son empire. Il gouverna sa maison avec la sagesse d'un bon père de famille ; il associa ses fils à ses travaux et à sa puissance ; il aimoit à exercer leur valeur et à embellir leurs talens, en leur ouvrant la carrière de la gloire et de l'instruction. Il donna l'Italie à Pepin son fils, et l'Aquitaine à Louis. Ce prince étoit laborieux et économe. Le luxe blessoit ses regards ; il étoit simple par goût et par principe ; il étoit bon, charitable, affable, accessible, et savoit conserver sa dignité au milieu des douceurs de la vie privée. Il pratiqua les vertus chrétiennes ; il fut religieux sans ostentation, et bienfaisant sans faiblesse. Charlemagne fit sans doute des fautes, mais elles appartiennent à son siècle : son génie, ses vertus sont de lui. Le peuple français fut sous son règne le premier peuple du monde.

NAPOLÉON, comme Charlemagne, a détruit des armées formidables, a vaincu des peuples nombreux, a conquis deux fois l'Italie, a démembré de l'Autriche la Lombardie, a réuni Venise à un empire puissant ; il a créé une monarchie, fondé des états républicains, et donné un trône à un prince de la maison d'Espagne. La république d'Italie l'a proclamé son chef ; les cantons de l'Helvétie, son législateur ; l'Allemagne, son bienfaiteur. Il a été grand et magnanime après ses conquêtes et ses triomphes ; il n'a point corrompu les fruits de ses victoires par des actes de cruauté ; il a affranchi l'Italie en la conquérant ; il l'a rendue libre et ne l'a point opprimée.

il lui a donné des loix conservatrices ; il est devenu le souverain et le bienfaiteur des Lombards ; et ce peuple verra peut-être bientôt le rétablissement de son ancienne constitution et de son antique gouvernement. Il a respecté la religion, les coutumes et les usages des peuples qu'il a soumis à sa domination ; il a sauvé le chef de l'église, donné des larmes aux malheurs de ce pontife vénérable, arraché Rome aux fureurs de la dévastation, et refusé les honneurs de l'entrée triomphale au Capitole. Napoléon a contribué à l'élévation de Pie VII au trône pontifical. Les princes de l'empire ont recherché son amitié et réclamé son alliance ; il est appelé le restaurateur de la France et le pacificateur de l'Europe ; il a porté, chez des nations superstitieuses, les lumières des arts et de la civilisation ; le flambeau des sciences a éclairé des contrées immenses et désertes ; ses conquêtes ont réuni à l'empire français de vastes et fertiles provinces. Les frontières sont reportées aux limites que leur avoit marqué la Nature. Des peuples, long-temps séparés de la France, se sont réunis à de puissans alliés, et accroissent sa population, sa force, son territoire. Napoléon a combattu pour faire reconnoître et respecter l'indépendance du peuple français, pour reconquérir cette influence et cette prépondérance que la France, dans le systême politique de l'Europe, avoit acquises par les traités de Nimègue et de Westphalie, et qu'elle avoit perdues. Ses traités et ses alliances ont un double objet : 1°. de conserver ses conquêtes, d'étendre le commerce national ; 2°. de faire servir les forces des autres gouvernemens à maintenir celles de la France. Il a relevé sa puissance fédérative et sa puissance militaire ; il a placé la nation

française au rang du premier peuple de l'univers, et
l'Europe admire, dans le silence, sa gloire, sa puissance
et ses vertus ; l'univers est plein de sa renommée. Son
génie s'est emparé de tous les mouvemens qui dirigent
les opérations des puissances étrangères, et les maîtrise
pour les faire servir à consolider son système de pacifi-
cation générale. Ce héros pacificateur a offert la paix
aux ennemis vaincus, au milieu de ses conquêtes et le
front orné des lauriers de la victoire. Il sait que les conquêtes épuisent les états ; qu'un jour de victoire est un
jour de deuil pour l'humanité ; que la guerre est la plus
grande plaie des empires ; qu'elle substitue aux senti-
mens doux et bienfaisans, le besoin d'opprimer et l'ar-
deur de détruire.

Napoléon desire et demande la paix ; mais il veut
conserver l'intégrité de l'empire, et ne veut point re-
noncer à une influence que lui ont acquise ses conquêtes
et ses victoires, et qui est la garantie de la paix continentale ; il ne veut plus conquérir : ses vues ne s'allient
point avec des projets de destruction, d'incorporation,
de démembrement. Il n'appelle point l'Afrique et l'Asie
au maintien de l'équilibre de l'Europe, le mahométisme
à la conservation de l'orthodoxie chrétienne, et le nord
au soutien du midi ; après avoir été le vainqueur des
nations, il veut en être le pacificateur.

Attaqué par un gouvernement violateur des traités,
Napoléon s'arme de toute le force de la nation pour
assurer à toutes les puissances de l'Europe cette liberté
de commerce et de navigation que la Nature a établie
pour l'intérêt de tous, et pour la prospérité générale ; il
combat pour ramener un gouvernement usurpateur à de

nouveaux principes de droit public, et à de nouvelles maximes d'ordre et de justice. On a versé des flots de sang pour rétablir cette balance politique destinée à s'opposer à la grandeur et à l'ambition des grandes puissances ; il est temps de prendre les armes pour maintenir sur les mers ce même système d'équilibre qui doit détruire cette suprématie qui pèse sur tous les peuples. Une puissance continentale ne doit point souffrir d'être tributaire d'une puissance maritime. Une jurisdiction exclusive sur les mers et sur les comptoirs du globe, est une insulte aux autres nations. L'empire de la mer est un domaine commun qui appartient à tous les peuples.

Napoléon a créé une nouvelle marine, et étendu la science maritime. Des flottes sont prêtes à sortir des ports de Boulogne, pour briser ce sceptre maritime dont le gouvernement anglais fait un abus si oppressif, contre les droits des nations.

Napoléon a guéri les plaies de l'état ; il l'a arraché aux souillures de l'anarchie, et, à sa voix, la France, qui marchoit rapidement d'erreurs en erreurs, de calamités en calamités vers sa dissolution politique, a repris sa gloire et sa grandeur. Il a rétabli l'ancienne monarchie, a fondé une nouvelle dynastie, a créé ce gouvernement représentatif qui, malgré quelques imperfections, est fondé sur les véritables principes qui conservent la division des pouvoirs, et a donné au peuple français ses antiques institutions, en retranchant cette inégalité et cet abus qui avoient produit tant de malheurs et tant de désordres. Napoléon ne consulte point l'orgueil de la naissance ; il appelle aux honneurs et aux dignités les talens et les vertus ; il a fixé le règne des loix et de la

justice sur les ruines de toutes les factions ; il a rappelé
à ses antiques vertus un peuple qu'il a illustré par ses
victoires ; il s'est servi de son épée et de l'autorité sacrée
des loix pour opérer cette heureuse révolution qui a
ouvert les sources de la prospérité publique ; il veut
réunir tous les cœurs et toutes les volontés vers un
centre commun, et les attacher à l'amour de la paix, de
l'ordre et de la patrie ; il a ramené les rebelles à l'obéissance des loix, par la clémence ; il a enchaîné les fureurs
des conspirateurs, par ses prières et ses exhortations
paternelles. Napoléon sait, comme Charlemagne, que
la première fonction d'un chef de nation, est d'être magistrat, et la seconde d'être guerrier ; que les loix sont
les fondemens des sociétés politiques, et que c'est une
sage administration qui fait la force et la gloire des états,
la prospérité et le bonheur des peuples ; il a formé une
nouvelle division du territoire de la France, et a établi,
dans l'administration intérieure, une unité de pouvoir
et d'action. Un code civil, ouvrage de la sagesse et de
la réflexion, a rétabli les droits des citoyens dans toute
leur intégrité, a fondé l'ordre des successions sur les
principes naturels et sur les maximes de la justice. La
liberté publique a été associée avec cette politique qui
en règle l'exercice et en restreint l'usage. Une jurispru-
dence a limité l'exécution des transactions et des conven-
tions, a détruit des usages injustes et des coutumes
bizarres. Bientôt un code commercial et criminel com-
plettera la législation de l'empire français. C'est ici que,
semblable à Charlemagne, Napoléon réunit le génie du
législateur à la valeur du héros ; il a créé, dans chaque
département, un préfet, un conseil de préfecture et un

conseil général. Les préfectures , substituées aux administrations collectives ont donné à l'intérêt uniforme des loix un principe régénérateur qui a vivifié toutes les parties éparses de l'administration civile. Il veut donner aux loix ce caractère de grandeur et de puissance qui leur assure l'obéissance des peuples , les hommages des générations et l'immortalité des siècles.

Napoléon applique tous ses travaux à vivifier l'agriculture et à lui donner un nouveau principe de vie et de fécondité , à étendre le commerce et encourager l'industrie ; instruit des avantages de la navigation , il veut réunir la Manche , l'Océan et la Méditerranée , la Somme et la Sambre à l'Escaut , l'Oise à la Sambre , la Garonne au Rhône , et rendre la France navigable du Nord au Midi , et à l'Ouest ; il rétablit la marine , et veut lui rendre son ancien éclat. Des préfets maritimes ont été institués pour donner un principe de vie , d'ordre , de force et d'autorité aux armemens et aux expéditions , et pour surveiller toutes les parties éparses de cette immense administration. Il n'a pas encore été au pouvoir de Napoléon de réparer les pertes de notre marine ; il en a recueilli quelques débris qu'il a fait servir à de grands objets d'utilité publique , et à des améliorations qui annoncent que le temps n'est pas éloigné où notre marine reprendra son ancien éclat. Il donne aux Colonies un gouvernement conforme au climat, au génie et au caractère des colons ; il a créé des institutions propres à former des citoyens vertueux et des guerriers, toujours prêts à défendre par leur génie et leur valeur, le gouvernement, les loix et la constitution ; il a rétabli ces signes extérieurs qui fixent l'attention , réveillent les idées, commandent le respect et la soumission, frappent l'imagination et subjuguent les sens ; il a organisé l'armée par des règlemens sages et utiles ; il a rétabli la discipline militaire, et en a augmenté la puissance ; il est le bienfaiteur de ces guerriers qui ont défendu l'état, et il a assuré aux braves soldats, qui ont versé leur sang pour la patrie, une ressource contre l'indigence et la misère ; il a institué des honneurs destinés à récompenser les talens et les vertus ; il a élevé, à la gloire des arts et des sciences, ces temples augustes où le philosophe proclame les vérités de la morale, où l'historien déploie avec majesté les archives du genre humain, où l'orateur montre les beautés de l'éloquence, où le poëte enchante par l'harmonie de ses vers, et où l'artiste anime ses pinceaux. Ce législateur sensible et compâtissant, a multiplié les établissemens de la bienfaisance, les asiles de la charité et de l'humanité souffrante.

Napoléon parcourt les différens départemens de la république française ; il visite les forteresses, les manufactures, les atteliers, les établissemens publics. Sa présence, comme la flamme électrique, embrâse tous les cœurs de l'amour de la patrie. L'industrie encouragée s'élève, s'accroît et se perfectionne. L'esprit humain, à la voix d'un seul homme, enfante des prodiges ; au milieu des fêtes, des hymnes et des cantiques de l'admiration et de la reconnoissance publique, Napoléon s'occupe, dans ses profondes méditations, du bonheur du peuple : son génie, toujours actif, cherche à créer de nouvelles sources de richesse nationale et de félicité générale. L'histoire racontera à la génération présente et à la postérité, les travaux bienfaisans qui immortaliseront son nom et sa mémoire, et le placeront au rang des amis et des bienfaiteurs de l'humanité.

Napoléon a été pénétré de cette grande vérité, qu'il faut réunir à la politique et à la législation, un systême religieux, protecteur de toutes les religions et de tous les cultes ; il sait que les institutions religieuses, quelque soit la différence des dogmes, sont les fondemens les plus sûrs de la morale sociale ; il a donné au peuple l'ancienne religion de l'état ; il a relevé les temples abattus, les autels renversés, et réparé, de ses mains triomphantes, les ruines du sanctuaire ; il a rétabli l'ancienne discipline ecclésiastique, et ramené le clergé à sa pureté primitive ; des loix organiques vont former des ministres de la religion, qui annonceront la justice et la paix. Il a rappelé la concorde dans les familles, et la morale dans les cœurs. Napoléon, comme Charlemagne, brave tous les périls et ne les redoute point ; son âme inébranlable voit, sans pâlir, le glaîve de la mort : environné de ses ombres, il a montré la fermeté du guerrier et la sagesse du philosophe ; il croit à la Providence et à la fortune, et il ajoute foi à ses pressentimens. Les âmes des héros, dit Thomas, ont un instinct supérieur, qui n'est pas même soupçonné des âmes vulgaires. Les grands hommes ont une espèce de divination ; on peut les comparer à ces hautes montagnes dont le sommet est éclairé, tandis que les régions inférieures du globe sont encore ensevelies dans les ténèbres. Le chef de la nation française est protégé par cette Providence qui veille sur les destinées des peuples, et qui règle le sort des empires.

Napoléon, inébranlable dans ses résolutions, les fait

exécuter avec promptitude, avec sagesse, avec fermeté; il sait qu'un projet, conçu long-temps dans le silence et la méditation, doit être exécuté dans toute sa plénitude; que la lenteur ou l'inexécution annonce la versatilité dans le Gouvernement, fait mépriser l'autorité, et prépare ces factions qui, faibles dans leur origine, deviennent des conspirations dangereuses et des insurrections sanglantes. A cette fermeté, à cette grandeur de caractère qui est la vertu des grandes âmes, il sait réunir cette justice publique qui assure le bonheur des peuples et garantir la durée des empires.

Napoléon se livra dès sa plus tendre enfance à la lecture de l'histoire, de la philosophie; long-temps renfermé dans la retraite, où s'alimentent les âmes grandes et fortes, il interrogea les sages de tous les siècles, étudia les lois de tous les pays et les annales de tous les peuples; il aime et cultive, au milieu de ses immenses travaux, les sciences et les arts, et son génie parcourt avec facilité d'une extrêmité à l'autre, la chaîne des connoissances humaines; il étonne les savans par la précision et la profondeur de ses pensées, et aucune science ne lui est étrangère; il pratique, dans sa vie privée, les vertus morales de l'homme religieux, et montre les qualités aimables du citoyen et de l'ami de l'humanité; il associe à sa gloire et à ses travaux, ses illustres frères, et confie à leur fidélité et à leurs lumières, les opérations les plus difficiles et les plus importantes; il trouve, dans l'union conjugale et dans le sein de sa famille et de ses amis, ces douceurs et ces consolations de la vie domestique, qui ont, pour les âmes saines, un charme que les âmes corrompues ne peuvent connoître.

La justice et la reconnoissance nationale ont proclamé Napoléon chef et empereur des français. L'hérédité de la dignité impériale a été fixée dans son auguste famille. Pie VII a versé sur sa tête l'huile sacrée, et la religion l'a présenté comme l'oint du Seigneur et le représentant de la Divinité. L'autel et le trône se prêtent un mutuel appui. Napoléon et Pie VII, unis par les liens de la reconnoissance et du respect, présentent un spectacle consolant et majestueux, et deviendra un sujet d'entretien pour les races futures, et d'admiration pour l'Europe. Napoléon s'occupe constamment du bonheur de son peuple ; toutes ses pensées se fixent sur cet objet de sa sollicitude. S'il le rend grand par la force des armes, il veut le rendre heureux par la sagesse de ses loix et de ses institutions. Napoléon est comme Charlemagne, grand dans la guerre et plus grand dans la paix.

Magnus in bello, major in pace.

www.ingramcontent.com/pod-product-compliance
Lightning Source LLC
Chambersburg PA
CBHW062318070726
47596CB00009B/2280